NINA, SAM, MOU ET ANTONI GAUDÍ PRÉSENTENT

UNE HISTOIRE DE DÉTECTIVES POUR DÉCOUVRIR LES ŒUVRES DU GÉNIAL ARCHITECTE

dosde

Nina, onze ans, et son frère Sam, huit ans, sont, avec leur inséparable chien Mou, les plus jeunes membres de l'agence secrète Détectives Internationaux de l'Art (D.I.A.), une organisation qui protège les œuvres d'art à travers le monde. Grâce aux missions que la D.I.A. a l'habitude de leur confier, les enfants vivent des aventures passionnantes.

Un dimanche après-midi, alors qu'ils étaient à la maison, quelqu'un frappa à la porte. Nina se leva pour aller ouvrir mais il n'y avait personne, seule une boîte posée sur le sol.

—Sam, viens vite ! Quelqu'un a laissé un paquet avec nos noms et j'ai bien l'impression que c'est une commande de la D.I.A. !

Nina ouvrit immédiatement la boîte. Dedans, il y avait un morceau de pierre en forme de rose et une note qui disait : « Chers amis, nous vous avons confié une nouvelle enquête.

Une bande de voleurs d'art a dérobé des morceaux des édifices de l'architecte Antoni Gaudí. Nous avons récupéré tous les fragments volés mais nous ne savons pas à quelle œuvre appartient cette pièce-ci. Votre mission est de la remettre à sa place. Bonne chance ! ».
Sam chercha rapidement sur sa montre-ordinateur qui était l'architecte en question :
« Antoni Gaudí, né à Reus en 1852 et décédé à Barcelone en 1926. Ses œuvres ont révolutionné l'architecture et ... ».

Nina l'interrompit.
—Nous devons nous rendre à Barcelone, à l'époque de Gaudí. Sam, active ta montre-ordinateur pour voyager dans le temps.
—Allons-y ! —répondit Sam, tandis que Mou aboyait, enthousiaste.

Le voyage dans le temps les transporta à un lieu plein de pierres et de matériaux de construction. C'était l'année 1925 et ils s'étaient retrouvés au milieu des travaux de la Sagrada Familia. À ce moment-là, Mou se mit à courir comme un fou, esquivant plusieurs personnes, sauta sur des sculptures d'animaux et s'arrêta près d'un homme âgé vêtu de noir et portant un chapeau. Nina et Sam se mirent à courir derrière lui et à crier :

—Mou, viens ici ! Les enfants s'arrêtèrent juste devant l'homme en noir et attrapèrent Mou.

À ce moment-là, un ouvrier s'approcha et s'exclama :

—Monsieur Gaudí, nous avons terminé ce que vous nous avez demandé. Que doit-on faire d'autre ?

— Continuez avec la tour de saint Barnabé, répondit l'homme.

Sam le regarda surpris et lui demanda :

—Alors, c'est vous Antoni Gaudí ?

—Oui, jeune homme, moi-même.

—Quelle chance de vous rencontrer ! Nous sommes de grands admirateurs de votre œuvre. Nous étions justement à votre recherche car nous réalisons un travail pour l'école sur vos édifices et nous aimerions visiter votre atelier et voir vos ébauches. Est-ce possible ?

—Et bien, je n'avais jamais eu d'admirateurs aussi jeunes ! rétorqua Gaudí.

En arrivant à l'atelier de Gaudí, les enfants n'en crurent pas leurs yeux. L'atelier croulait sous les plans, les dessins, les maquettes, les moules en plâtre et une tonne d'autres objets. Plus rien ne pouvait tenir dans cette pièce. Ils ne perdirent pas une minute et commencèrent à chercher de toutes parts un quelconque indice qui pourrait les mettre sur la piste de la rose en pierre qu'ils devaient remettre à sa place originale.

—Pour que vous compreniez mon travail, je vais vous raconter un peu ma vie— dit Gaudí. Je suis né à Reus, une ville au sud de Barcelone. Mon père et mon grand-père étaient chaudronniers, j'ai donc grandi au milieu des tôles en cuivre et des vis, dans la chaleur des fours et avec le bruit des marteaux. Nous passions l'été dans le petit village de Riudoms. C'est là que j'ai appris à observer la nature, la variété de ses formes, l'association de ses couleurs.

De fil en aiguille, j'en suis venu à vouloir étudier l'architecture et pour cela je suis allé vivre à Barcelone. À la fin de mes études, par chance, mes idées ont suscité l'intérêt de certaines personnes notables qui ont commencé à me confier de grands projets. Mais ce n'est qu'en 1883 que j'ai reçu la première grande commande de ma vie : la construction de la Sagrada Familia. Même si je sais que je ne la verrai jamais terminée de mon vivant, le projet est grandiose.

—Nous, nous l'avons vue presque finie —dit Sam.

—Comment ça ? —dit Gaudí surpris —

—Dans notre imagination —ajouta aussitôt Nina.

—Monsieur Gaudí, dit Sam, vous pouvez nous accompagner voir vos œuvres dans la ville et en même temps nous expliquer votre façon de travailler ? —Bien sûr, avec plaisir— répondit Gaudí.

Après avoir marché quelques minutes, ils s'arrêtèrent devant un édifice très coloré qui ne manqua pas de les surprendre. C'était la Casa Vicens.

—On dirait une maison de contes de fées —déclara Nina.

—Ce n'est pas complètement faux —répondit Gaudí—. Quand j'étais jeune, j'étais très attiré par l'art oriental et j'aimais associer différents styles et matériaux.

Sam prit discrètement son scanner laser de dernière génération et examina la maison à la recherche d'un espace qui pourrait parfaitement contenir la pièce que leur avait envoyée la D.I.A.

Mou était enchanté de la quantité de chats en liberté dans la rue, ce qui était semble-t-il habituel à l'époque. Il leur courait après comme un fou et, lors d'une course-poursuite, il heurta Sam, qui interrompit brusquement son observation pour le disputer. Une fois que Mou fut calmé, Sam reprit sa recherche mais ne trouva rien qui pouvait être en relation avec la pièce volée et en informa Nina en faisant des grimaces amusantes.

—Pourquoi avez-vous inséré ces tournesols sur la céramique ? —demanda Nina à Gaudí.

—Ça je vais vous le raconter en chemin —dit Gaudí.

Tandis qu'ils marchaient, Gaudí expliqua aux enfants qu'il avait recyclé les céramiques des tournesols qui décoraient la villa Quijano, plus connue sous le nom du Caprice, une maison située à Comillas, petit village de pêcheurs du nord de l'Espagne où le Roi et sa famille se rendaient en vacances.

—La réalisation de la maison m'a été confiée par Máximo Díaz de Quijano, un homme cultivé, passionné de musique et de botanique.

—Beaucoup de tournesols mais peu de roses —murmura Sam aux oreilles de Nina,

faisant référence à la pièce qu'ils avaient en leur possession. Afin de les guider dans leur mission, Nina décida de demander directement.

—Monsieur Gaudí, vous aimez les roses ?

Gaudí sourit avant de répondre : —J'aime toutes les formes que nous offre la nature. Mais, à cette occasion, j'ai choisi le tournesol pour symboliser la lumière et la chaleur du soleil. Je m'en suis inspiré non seulement pour décorer mais également pour penser la distribution des chambres puisque l'agencement de la maison suit le mouvement du soleil.

—Alors, vous avez décoré d'autres édifices avec des fleurs ? —demanda Sam.

—Oui, je pourrais même dire tous —répondit Gaudí—. Tu pourras en voir quelques-uns. Continuons notre promenade !

Les détectives en herbe étaient ravis de sillonner les rues de Barcelone. Gaudí également. Et même Mou courait enthousiaste.

—Certaines de mes œuvres les plus admirées ont été réalisées pour mon ami Eusebi Güell —raconta joyeusement Gaudí. Sa première commande fut la propriété Güell, sa villégiature. Il envisageait une entrée gigantesque et j'eus l'idée de réaliser une porte avec un dragon en fer comme s'il s'agissait du gardien du jardin des Hespérides. Il me demanda également de concevoir une cave pour sa production de vins. À cette époque, je n'aimais pas mélanger les styles et les matériaux, c'est pourquoi je la fis toute en pierre dans le style gothique.

Puis il me confia l'église de la Colonia Güell —poursuivit Gaudí— pour laquelle j'ai testé différentes formes de colonnes et structures, mais elle est restée inachevée. Cependant, tout le travail réalisé m'a servi à projeter la structure de la Sagrada Familia.

Tandis que Gaudí parlait, Sam consultait sa montre-ordinateur pour obtenir davantage de données sur ces trois œuvres mais ne trouva rien en rapport avec des roses en pierre et en informa rapidement Nina. Ils devaient continuer à chercher !

Gaudí, les enfants et Mou descendaient la Rambla. À ce moment-là, l'architecte s'arrêta à l'angle d'une rue et dit :

— Et voici le palais Güell ! Gaudí semblait très fier de l'avoir réalisé —C'est également mon ami Güell qui m'a confié le projet. Ce n'a pas été facile, j'ai dû réaliser jusqu'à vingt-cinq ébauches différentes—, expliqua-t-il.

Nina et Sam s'arrêtèrent émerveillés devant les portes du palais. Quand ils entrèrent, ils ne savaient où regarder tant tout était majestueux. Même Mou, la langue pendante, semblait ébahi. Soudain, ils entendirent de la musique. Gaudí les regarda et leur dit :

— Vous voulez monter ? Je connais bien la famille Güell et cela ne les dérangera pas. En haut des marches, ils arrivèrent dans un spacieux salon recouvert d'une grande coupole où ils étaient en train de danser. Soudain, ils se rendirent compte que Mou n'était plus là.

— Où est-il encore passé ? — dit Nina énervée—.

—Sam, prends ton scanner laser, la rose peut provenir de ce palais ! Moi, pendant ce temps, je vais chercher Mou— dit Nina. La jeune fille sortit en courant et c'est alors qu'elle entendit les aboiements de Mou qui venaient du toit-terrasse. Une fois là-haut, elle vit Mou qui courait. C'est alors qu'arriva Sam :

— Qu'est-ce que c'est beau ! Les cheminées, on dirait des cônes de glace. Mais l'enquête ne donna rien, la pièce ne provenait pas de ce palais. Ils devaient continuer à chercher !

Ils sortirent du palais Güell et continuèrent leur visite dans le centre historique de Barcelone. En passant près d'un énorme édifice, Sam s'arrêta pour chercher des espaces d'où pourrait provenir la rose qu'il avait dans son sac à dos et il demanda alors à Gaudí :

— Cette cathédrale, c'est la vôtre ?

—Non, petit, celle-ci c'est la cathédrale de Barcelone et moi j'ai participé à celle de Majorque— répondit Gaudí qui, ému, poursuivit — Ah… cette cathédrale est magnifique, de style gothique, construite au Moyen Âge. Lorsque je l'aie visité pour la première fois, je l'aie trouvée très sombre et c'est la raison pour laquelle nous avons rouvert de grandes baies qui avaient été murées et y avons ajouté de nouveaux vitraux pour en faire une cathédrale pleine de lumière, de couleur et de vie… Nina, voyant Sam qui étudiait désespérément chaque détail de la cathédrale sur sa montre-ordinateur sans ne rien trouver, interrompit Gaudí :

—Alors le gothique c'est votre style architectural préféré ? —.

Tout en caressant Mou, Gaudí répondit :

—Quand j'étais jeune, le style gothique fut une grande source d'inspiration pour nombre de mes projets. La résidence Bellesguard de Barcelone, par exemple, fut construite sur les vestiges d'un château médiéval, ce qui explique pourquoi la maison a une allure de château gothique, mais beaucoup plus moderne, bien sûr.

Ils poursuivirent tous les quatre leur circuit dans la ville. Soudain Gaudí s'arrêta face à un édifice très élégant.

—Ça c'est la Casa Calvet. C'est l'unique œuvre qui m'a valu une récompense de la mairie de Barcelone en 1900—.

Tandis que les enfants et Mou écoutaient avec attention le récit de l'architecte, des dames, très élégamment vêtues, passèrent à côté d'eux et ne purent s'empêcher de poser leur regard sur la tenue vestimentaire de Nina et Sam.

—Quels drôles d'enfants ! —commenta l'une d'elles. Les enfants furent un peu étonnés mais immédiatement Gaudí leur dit :

—Ne faites pas attention. Si vous saviez la quantité de fois qu'elles ont critiqué mon travail ! J'ai toujours aimé expérimenter les formes, les matériaux et les couleurs et beaucoup de personnes n'aiment pas ce que je fais—Gaudí se tut un instant puis ajouta : —Par exemple, dans les jardins Artigas, pour les balustrades j'ai mélangé des pièces en fer et du ciment et je les ai façonnées pour leur donner une forme de troncs de pin.

—Pour revenir au thème des styles architecturaux —reprit Gaudí—, j'ai conçu la Casa Botines de León en m'inspirant du style gothique et pour cela j'ai intégré j'ai intégré à chaque angle une tour svelte terminée en pointe.

Nina ne perdait aucun détail de tout ce que disait l'architecte. Soudain, Mou passa en courant entre les jambes de Gaudí pour tenter d'attraper des chats, interrompant la conversation. Sam, quant à lui, ne cessait de chercher des informations sur sa montre-ordinateur, mais en vain, la recherche restait infructueuse.

—C'est la seule commande que vous avez réalisée à León ? —demanda Nina.

—Non, j'ai également conçu le palais épiscopal d'Astorga.

—Astorga, c'est dans la province de León —dit Sam, qui ne levait pas les yeux de sa montre-ordinateur—. Cette ville possède une cathédrale médiévale et un palais épiscopal construit par vous.

—C'est cela même, jeune homme. Il faudra que tu m'expliques comment fonctionne cette montre, c'est très intéressant.

Nina coupa court à la curiosité de Gaudí. Elle pensait que la rose en pierre pouvait provenir de l'un de ces édifices si éloignés de Barcelone.

—Dîtes moi, Monsieur Gaudí, pourquoi êtes-vous allé si loin ?

—Et bien, petite, comme tu sais, le palais épiscopal est la résidence d'un évêque. À cette époque, je vous parle de l'année 1888, l'évêque d'Astorga était Joan Baptista Grau ; il était originaire de Reus, ma ville, et c'était un ami. Pour ce palais, je me suis inspiré du style gothique et je crois que c'est l'œuvre qui incarne le mieux mon goût pour ce style architectural. Pas vrai que l'on dirait un palais de contes de fées ? —dit Gaudí en blaguant, puis il ajouta :

— Les enfants, nous sommes arrivés à notre prochain arrêt.

À ce moment-là Mou arrêta de courir et Sam, déçu, confirma que la rose en pierre n'appartenait pas au palais épiscopal d'Astorga.

—Vous aimez les histoires de dragons ? —demanda Gaudí qui s'arrêta devant un édifice très coloré.

—Oui, moi j'aime beaucoup ! — répondit Nina, fan de toutes les histoires fantastiques.

Mou, pour sa part, regardait l'édifice l'air affolé.

—Et bien voici la Casa Batlló. Elle n'est pas sans rappeler l'histoire de saint Georges et du dragon. Regardez vers le haut de l'édifice —dit Gaudí, tandis que Mou se cachait les yeux avec ses pattes— : le toit est ondulé, comme le corps d'un dragon, et il est recouvert de tuiles semblables à des écailles. Et la tour est ornée d'une croix, comme celle de la poignée de l'épée qui a transpercé le dragon.

Tandis que Gaudí poursuivait, Sam scannait l'édifice. Cette fois-ci, il trouva quelque chose et sans que personne ne s'en aperçoive, il pénétra à l'intérieur, emprunta l'escalier principal et arriva dans une pièce où les murs et le plafond étaient courbes, il n'avait jamais vu ça, il avait l'impression d'être dans une grotte. À ce moment-là, il entendit des bruits et sortit de la pièce en courant, de peur d'être découvert. Il emprunta de nouveau l'escalier et se retrouva sur le toit-terrasse de l'édifice. Mou ne le lâchait pas. Il trouva enfin ce qu'il cherchait : un espace à la décoration florale mais, à sa grande déception, la pièce qu'il avait dans son sac à dos n'appartenait pas à cette maison. Ils devaient poursuivre leur recherche.

—Je crois que je n'ai jamais vu un édifice aussi coloré—affirma Nina.

—Et bien, la prochaine maison est très différente, vous verrez. Elle se trouve tout près. Allons la voir ! —dit Gaudí avec entrain.

En effet, à quelques rues de distance se trouvait la Casa Milà, autre chef-d'œuvre de Gaudí. Les enfants l'observèrent ébahis. Elle ne ressemblait à aucune des constructions qu'ils avaient vues.

—Cette maison me fait penser à une montagne avec des grottes —dit Nina.

—Moi je trouve qu'on dirait un gâteau géant —dit Sam en riant, tandis que Mou se léchait les babines.

—Tu ne penses qu'à manger —lui reprocha Nina.

Les comparaisons des enfants amusaient Gaudí qui affirma que l'impression la plus proche de l'opinion générale était celle de Nina puisque l'édifice avait reçu le nom populaire de La Pedrera, qui en catalan signifie « carrière ».

—Comme vous pouvez voir, l'extérieur de l'édifice ne comporte pas beaucoup d'éléments décoratifs pour faire ressortir la pierre mais à l'intérieur j'ai utilisé beaucoup de formes végétales.

En entendant ces mots, Sam et Nina échangèrent un regard plein d'espoir. Avaient-ils enfin trouvé l'endroit qu'ils cherchaient ?

Ils entrèrent dans le grand vestibule. Tandis que Gaudí discutait avec Nina, Sam scannait tout ce qu'il trouvait sur son passage…mais sans résultat. Nina l'observait anxieuse et sa déception fut d'autant plus grande lorsque son frère lui indiqua d'un signe de la tête que la recherche restait vaine.

En arrivant sur le toit-terrasse de la Pedrera, Gaudí se mit à commenter.

—À Barcelone, les gens utilisent uniquement les terrasses pour y étendre le linge. Moi j'ai voulu y créer un espace magique avec des figures qui semblent tout droit sorties d'une pièce de théâtre. C'est pour cette raison que j'ai donné des formes sculpturales aux cheminées, aux tours de ventilation et aux sorties d'escalier et que chacun de ces éléments acquiert une forme différente.

Sam utilisa de nouveau son scanner, mais cela semblait inutile.

Nina observa fixement les figures : elles lui rappelaient les pièces d'échec situées de façon

stratégique. Sam y voyait des guerriers du futur, comme ceux des séries et des films de l'espace qu'il regardait et des jeux vidéo. Mou semblait apeuré ; il courait entre les cheminées en aboyant comme s'il s'agissait de personnes bien réelles, et cela faisait beaucoup rire Gaudí.

—J'aime cet endroit —dit Sam—. On dirait un décor d'histoires fantastiques. Dommage que vous ne l'ayez pas décoré avec des roses….

—Notre prochain arrêt te paraîtra bien plus fabuleux et énigmatique—dit Gaudí, qui les invita à sortir afin de continuer la promenade.

—Où allons-nous Monsieur Gaudí ? —demanda Sam.

—Au Park Güell —répondit l'architecte, d'un air enjoué—. Le parc fut l'idée de mon ami Eusebi Güell qui voulait concevoir un complexe résidentiel privé en pleine nature, éloigné du centre de Barcelone. Mais seules deux maisons sur les soixante prévues furent construites.

Les enfants restaient admiratifs devant la décoration très colorée du parc, avec des recoins où les structures artificielles côtoyaient les formes naturelles.

Nina pensa que la pièce envoyée par la D.I.A pouvait bien appartenir au parc. Elle s'éloigna discrètement, sans que personne ne s'en rende compte pour chercher l'endroit d'où pourrait provenir la rose en pierre. Mou la suivit. Après avoir fait plusieurs fois le tour, elle se trouva face à un escalier où se tenait un grand lézard en guise de gardien. N'ayant rien trouvé, elle rejoignit le groupe sur le banc sinueux du parc. Gaudi et Sam ne s'étaient pas rendu compte de son absence. Du banc, on pouvait voir toute la ville. Au-dessus des toits se détachait le clocher de saint Barnabé, l'unique tour de la Sagrada Familia à avoir été terminée à l'époque.

—Nous devons maintenant retourner là-bas—dit Gaudí, signalant les travaux de la Sagrada Familia.

Les enfants arrivèrent très préoccupés à la Sagrada Familia. Allaient-ils enfin trouver le lieu de la rose dérobée par les voleurs internationaux de l'art ?

Gaudí, très animé, commença à expliquer comment serait le temple une fois terminé.

—J'ai consacré presque toute ma vie à la Sagrada Familia et je veux qu'elle soit l'église la plus haute du monde. C'est pourquoi j'ai envisagé dix-huit grandes tours dont l'une d'elles, la tour de Jésus, mesurera plus de 170 mètres de haut. Et, à l'intérieur, les nefs abriteront des colonnes qui se déploieront telles des branches d'arbre pour former des voûtes comme s'il s'agissait d'une grande forêt. Par ailleurs, elle disposera de trois grandes entrées, la façade de la Nativité que nous sommes en train de construire, la façade de la Passion et celle de la Gloire.

Sam, toujours attentif aux moindres détails, vit sur l'une des maquettes de Gaudí que les tours présentaient une décoration florale très semblable à la pièce qu'il avait dans son sac. Il interrompit immédiatement Gaudí et demanda.

—Monsieur Gaudí, —il lui montra ce qu'il avait dans son sac— vous pensez que cette pièce vient d'ici ?

—Absolument ! —répondit l'architecte—. Elle fait partie de la décoration des clochers.

Attentifs aux indications de Gaudí, Nina et Sam, suivis de Mou, empruntèrent l'escalier en colimaçon de l'unique clocher construit. En arrivant en haut de la tour de saint Barnabé, ils virent qu'il y avait effectivement un espace vide et s'en réjouirent. —Enfin !... Après avoir tant cherché, nous avons trouvé le bon endroit ! — dit Sam soulagé. Ils replacèrent la fleur à sa place et s'écrièrent émus :

—Mission accomplie ! —.

Gaudí les regardait sans comprendre ce qu'il se passait, il pensait que c'était un jeu. Mou, quant à lui, avait bien compris et se réjouissait de pouvoir enfin rentrer à la maison.

Arriva alors le moment du départ. Gaudí les remercia pour leur intérêt et leur demanda de revenir une autre fois avec plus de temps, afin qu'ils lui expliquent comment fonctionne « cet engin » que Sam tenait dans sa main et qui stockait tant d'informations.

Cette nuit-là, les enfants dormirent paisiblement chez eux, savourant le succès de leur mission.